AF554559

Ln 27
22425

PÉLOT

OU LA VIE
D'UN CHEF DE BRIGANDS

PAR

DORDINS

COMMIS GREFFIER

DU TRIBUNAL CIVIL DE TARBES

TARBES

IMPRIMERIE PERROT-PRAT, PLACE MARCADIEU.

1866.

PÉLOT

LECTEURS,

Espérant toujours, mais vainement, qu'une plus haute intelligence et qu'une plume plus savante et mieux expérimentée que les miennes viendraient mettre un terme aux versions inexactes qui, depuis fort longtemps et journellement, bourdonnaient à mes oreilles, je me suis, plein de confiance dans votre bienveillante indulgence, quant à mon faible savoir et à mes imperfections, hasardé à tracer, tant bien que mal, les quelques lignes qui suivent, pour vous raconter, avec exactitude et impartialité, le passé, non pas d'un certain Latour et de tant d'autres comme lui, dont le sang fume encore sur leurs tombes ; non pas, non plus, d'un nommé Dubarry, qui, vers la fin du XVIIe siècle, par ses nombreux assassinats et ses vols multipliés, avait jeté la Bigorre dans la plus grande désolation et qui, dans une circonstance (et ce fut le dernier de ses crimes) passant, pendant la nuit, accompagné d'un de ses acolytes, moins féroce que lui, sur un pont jeté sur notre fleuve, ayant rencontré un paysan inoffensif, l'arrêta, le pilla, et sans avoir égard aux prières de ce malheureux ni même à celles de son associé, le poignarda et le précipita dans le vide en lui disant : *Tiens te voilà le 21e ;* mais bien de celui qui, il y a environ 60 ans, effrayait nos contrées, de celui dont le nom est encore dans toutes les bouches, je veux parler de Pélot, et voici comment :

Né le 24 novembre 1779, à Soréac, canton de Pouyastruc, arrondissement de Tarbes (Hautes-Pyrénées) commune située sur la rive droite de l'Adour, à peu de distance de la grande route qui conduit de Tarbes, au chef-lieu du département du Gers. JEAN LAMON dit PÉLOT, la terreur du pays, appartenait à des parents qui, quoique leur position de fortune ne fut pas des plus brillantes, avoisinaient cependant l'aisance. L'avoir de cette famille se composait de quelques pièces de terres labourables, de vignobles et de prairies, d'une maison couverte en paille, composée de trois chambres au rez-de-chaussée, dont la façade donnait sur le midi. Au nord se trouvait une cave passablement approvisionnée; au midi existaient également de vastes écuries assez bien garnies.

Pélot fut l'aîné de la famille. Il eut pour sœur jumelle *Jeanne*, née quelques instants avant lui, et pour frères Bernard ou *Bernatou*, mort au bagne de Rochefort; Guilhaume ou *Guilhaumet*, décédé pitoyablement à Vic-Bigorre, après avoir, par sa mauvaise conduite, dissipé tout ce qu'il possédait ; Jean, son filleul, décédé le jour même de son arrivée, à l'hôpital maritime de Rochefort, le 19 janvier 1812, à l'âge de 17 ans ; Jean ou *Jeantou*, condamné aux travaux forcés, par arrêt de la Cour d'assises des Hautes-Pyrénées du 15 mai 1811, ayant trouvé, ainsi qu'on le verra plus loin, le moyen de s'évader, alla se refugier pendant quelques heures seulement sous le toit paternel ; mais craignant d'y être surpris de nouveau, il s'expatria et alla se refugier en Espagne.

Pélot fut survécu par sa mère qui mourut à Soréac, après avoir fait un certain temps de prison préventive, en 1830, à l'âge de 85 ans. Quant à son père dont la conduite, jusqu'après la naissance du fameux brigand, n'avait rien laissé à désirer ; mais qui, plus tard, se laissa entraîner au mal par les mauvais conseils et le mauvais exemple de celui-ci, il alla expirer dans les cachots.

Par son oisiveté, son peu d'amour pour le travail et son insubordination, Pélot avait, dès son bas âge, fait concevoir de bien tristes espérances à ses parents. Plus il grandissait, plus sa paresse et son insubordination allaient croissant.

Parvenu à un âge assez avancé où l'homme est appelé à réfléchir sur son avenir, Pélot, bien loin de suivre la bonne voie, s'engagea dans le sens inverse. On voyait des idées sinistres se refléter sur sa physionomie. Il devint sombre, pensif, et on lisait sur son front quelque chose de brutal, de féroce et de hideux qui faisait présager un avenir funeste et terrible pour lui. Prévisions qui ne s'accomplirent que trop malheureusement, hélas !

Par ses mauvais conseils, par ses mauvais exemples, par ses entraînements, il sut élever à sa haute école tous les membres de sa famille, depuis son père jusqu'au plus jeune de ses frères, de telle sorte, qu'ils devinrent tous des voleurs les plus fieffés, parcourant foires et marchés, enlevant tout ce qui pouvait tomber sous leurs mains, fut-ce argent, fut-ce marchandises, fut-ce bétail, peu leur importait.

Quoiqu'il ne fut pas doué d'une force

herculéenne, Pélot était cependant très audacieux et ne reculait jamais devant le danger.

Appelé par son sort à la défense de sa patrie, Pélot, qui avait horreur du métier militaire, méprisa tous les conseils bienveillants qui lui furent donnés, foula aux pieds tous les ordres supérieurs et brava tout, en n'allant pas se ranger sous le drapeau national.

Poursuivi alors pour désobéissance à la loi, il alla se refugier dans le bois immense et touffu de la commune de Chis', bordant la grand route dont j'ai déjà parlé, y creusa quelques habitations souterraines qu'il couvrit de gazon et de feuillage. C'était là qu'il habitait ordinairement pendant la belle saison; mais, quand le sol commençait à devenir argenté sous l'influence des gelées d'hiver, alors il fuyait ces lieux, allait se refugier, tantôt sous le toit paternel, tantôt chez l'un, tantôt chez l'autre, et personne, de crainte d'en être victime, n'osait lui refuser l'hospitalité.

Certaines personnes, trop bienveillantes

même, mais, cependant, mal informées, ont poussé leur tolérance jusqu'à dire et à faire croire que Pélot était un grand cœur, un cœur généreux qu'il poussait même sa générosité jusqu'à se dépouiller de tout pour venir au secours de l'humanité. Ah ! ces personnes ont été et sont encore, dans l'erreur la plus complète.

Non ! Pélot n'a jamais été l'homme qu'on a voulu dépeindre ! Pélot ne fut jamais qu'un égoïste, et ce qui le prouve, c'est que, toujours sa part de butin dans toutes les soustractions frauduleuses était celle du lion, c'était, du moins, ce que lui reprochaient tous ses associés ! non ! Pélot, bien loin d'être humain, n'était qu'un scélérat qui ne respirait que haine et vengeance ! Pélot ne fut jamais qu'un bandit, un voleur de grand chemin, un brutal, un monstre, un assassin, un sauvage même ; car, dans une circonstance, n'écoutant que sa brutalité, sa férocité, sa sauvagerie, il alla, de concert avec un de ses nouveaux affiliés, jusqu'à enlever à une jeune et digne veuve ce qu'elle avait de plus sacré au monde, l'honneur !

Sa haine pour la gendarmerie et pour toutes les personnes honorables qu'il soupçonnait de trahison, était implacable, éternelle.

Parmi les traits de générosité dont on a voulu gratifier Pélot, il n'en est qu'un seul qui soit vrai et qui m'a été raconté, à maintes reprises, par un témoin oculaire et très-digne de foi. Le voici :

M. C...., magistrat savant et honorable, possédait une modeste propriété dans le pays natal de Pélot. C'était là qu'il allait passer toutes les années ses deux mois de vacances. M. C.... était un chasseur distingué ; il avait un ami dans Tarbes qui ne l'était pas moins. L'ayant invité un jour à faire une partie de chasse sur les côteaux qui dominaient et avoisinaient sa propriété et où il avait remarqué du gibier, l'ami adhéra très volontier à cette invitation et se rendit le lendemain chez M. C..... Le jour de son arrivée fut consacré à d'autres choses et la chasse fut renvoyée au lendemain.

Le jour dont il s'agit les deux chasseurs, après s'être approvisionnés de quelques comestibles, partirent de très bonne heure et même avant le jour, se dirigèrent vers les côteaux où M. C.... avait aperçu du gibier rare, les parcoururent dans tous les sens, mais en vain, car le gibier avait disparu et avait été se réfugier dans le bois de Chis. Les deux intrépides chasseurs, s'en doutant, s'y rendirent et, après avoir galopé jusqu'à dix heures et vainement encore, exténués de fatigue, ils allérent s'asseoir sur l'une des habitations souterraines de Pélot, où il se trouvait caché précisément dans ce moment là.

Un instant après, tandis qu'ils étaient à s'alimenter, M. C.... dit à son ami, en souriant et avec son air de gaîté ordinaire en pareille circonstance :

Nous sommes bien ici, n'est-ce pas?

Divinement bien, lui répondit son ami ; je vous assure que j'avais bien besoin de me reposer et en même temps de m'alimenter un peu.

Oui, oui, c'est très bien, c'est admirable ;

mais si nous venons à rencontrer Pélot ou quelqu'un de sa bande, que ferons nous?

Comment! est-ce que Pélot habite ces lieux?

Le plus souvent, pour ne pas dire toujours!

Que me dites vous là? et se levant aussitôt, il dit à M. C...., puisqu'il en est ainsi, fuyons, et fuyons bien vite; car, je me soucie fort peu de sa rencontre et moins encore de sa visite. Allons, partons!

Oh! oh! pas tant d'épouvante, pas tant de frayeur, pas tant de précipitation! calmez-vous et rassurez-vous! car, lors même, que nous viendrons à le rencontrer, je suis persuadé, plus que persuadé même, qu'il ne nous dira rien du tout et qu'au contraire il viendra à notre secours, s'il est nécessaire.

En parlant ainsi, M. C..... trahissait cependant sa pensée; car, d'après ce qu'il m'avait eu dit, il ne s'y fiait pas plus que son ami, et fort heureusement, pour eux, quand il tint ce langage, car Pélot entendait tout.

M. C.... céda aux sollicitations et aux instances de son ami. Ils partirent en effet, et à peine eurent-ils fait quelques pas, que l'habitant du bois, voyant qu'ils ne pouvaient plus distinguer l'endroit d'où il sortait, prit sa carabine et alla à leur rencontre.

M. C.... qui marchait à la suite de son ami, entendant un piétinement, se retourna, et, voyant Pélot arriver vers eux, s'arrêta en disant à son invité, à voix basse : *tenez le voilà, mais ne craignez pas!* et se retournant aussitôt vers le chef des brigands, il lui dit d'une voix pleine d'assurance :

Tiens! te voilà, Lamon?

Oui, répondit Pélot, comme vous le voyez, et vous autres, vous êtes en chasse?

Comme tu vois.

Êtes vous heureux?

Mais bien s'en faut : nous courons depuis ce matin avant le jour, sans avoir pu tirer un coup de fusil.

En effet, répondit Pélot, je n'ai pas entendu une seule détonation, et, puis s'adressant à l'invité, il lui dit :

Et vous, Monsieur, vous craignez donc Pélot, vous avez horreur de lui, vous redoutez excessivement sa rencontre, plus encore sa visite?

Erreur! lui répondit le chasseur ironiquement et en se trahissant.

Allons, allons, n'insistez pas, c'est inutile, car je vous ai entendu et j'étais bien plus près de vous que vous ne pensez, quand vous vous êtes exprimé. Mais quoiqu'il en soit, vous pouvez marcher hardiment, ne craignez point Pélot, Pélot ne vous sera pas hostile.

M. C...., reprenant, lui demanda, en souriant, s'il était seul dans ces parages, et Pélot, lui répondant d'un air sérieux, lui dit:

Je l'ignore, mais peu importe, vous n'avez rien à craindre, et, tirant aussitôt un sifflet de sa poche, il donna le signal de laisse-passer, et les deux voyageurs, tout en saluant amicalement l'habitant des bois, s'acheminèrent lentement vers Soréac, se promettant de ne plus aller tourmenter le gibier dans ces lieux.

Voilà le seul et unique trait de générosité dont on puisse faire mérite à Pélot pendant le cours de sa vie.

Pélot débuta dans sa brillante carrière par

plusieurs arrestations qu'il fit sur la grand route dont j'ai déjà parlé. Caché dans ses habitations souterraines, là, il attendait, bravant la gendarmerie, sa proie de pied ferme et toujours l'arme au bras ; et, quand un voyageur venait à passer, d'un bond il franchissait le large fossé qui séparait le bois immense de la grande route, et, un pistolet d'une main, et un poignard de l'autre, il se présentait audacieusement devant lui, en lui disant : *halte ! arrête-toi ! c'est Pélot qui te l'ordonne ! la bourse ou la vie !*

Effrayé, consterné, terrifié, l'imprudent voyageur ne savait qu'obéir, trop content même de pouvoir en échapper ainsi !...

La crainte, l'intimidation devinrent si grandes que personne, ni piéton, ni cavalier, ni voiturier n'osaient plus se hasarder à passer sur cette route, sûr, qu'on était, d'être arrêté et pillé ; de telle sorte que cette voie qui, auparavant, était l'une des plus commerçantes du département, devint complètement déserte.

Pendant que Pélot se livrait à de pareils

ravages dans son quartier favori, ses frères parcouraient, comme je l'ai déjà dit, foires et marchés, enlevant tout ce qui pouvait tomber sous leurs mains. Mais poursuivis, à outrance, par les agents de la haute police, ils ne tardèrent pas à être arrêtés et, la procédure poursuivie contr'eux et contre Pélot lui-même, non-seulement pour vol, mais encore pour avoir favorisé, à main armée, l'évasion de certains autres brigands que la gendarmerie avait arrêtés et qu'elle avait été, sous peine de mort, forcée de rendre à la liberté, eut bientôt suivi son cours. Aussi, et, par arrêt de la Cour d'assises des Hautes-Pyrénées du 15 mai 1811, Pélot et l'un de ses frères, car, un troisième avait déjà été condamné et conduit à Eysses, furent condamnés, Pélot par contumace et l'autre contradictoirement à douze ans de fer.

Pélot se souciait fort peu de la condamnation qui le frappait, ce qui l'inquiétait le plus, c'était de savoir ses deux frères dans les cachots. Il cherchait par tous les moyens possibles à leur procurer la liberté. Secondé par la bande qu'il commandait dans le Gers, il réussit, à force de persévérance, à son entreprise, du moins, quant à celui qui se trouvait à Eysses.

A la nouvelle de cette évasion qui eut lieu pendant une nuit très-obscure, par une pluie torrentielle et au moyen d'escalade, la gendarmerie du Gers et des départements voisins fut immédiatement sur pied ; mais tout son zèle, toute son énergie, tout son dévouement restèrent sans résultat, le frère de Pélot avait déjà rejoint le chef de brigands.

Cependant le vaillant et intrépide maréchal-des-logis Douchain, brûlant du désir de débarrasser le pays d'un monstre semblable, se dirigeá, bien décidé à en finir avec ce brigand, à tout prix, même au péril de sa vie, accompagné des gendarmes Davezies et Noguès, non moins zélés que lui, vers la commune natale de Pélot.

Chemin fesant, ils rencontrèrent une personne de confiance qui leur dit que Pélot était à labourer sur un de ses champs et que son frère était à garder les cochons dans le bois de Soréac.

Aussitôt ils pressèrent leurs pas et, par une pluie assez abondante, arrivèrent à l'endroit indiqué, mais Pélot et son frère étaient déjà partis.

Quoiqu'il en fut, et malgré le mauvais temps qui continuait à sévir, pleins de persévérance et pensant que, si la pluie venait à cesser, Pélot reviendrait travailler, ils se blottirent contre un gros et vieux chène, jusqu'à deux heures de l'après midi ; mais voyant que leur constance devenait inutile ; que le mauvais temps continuait et que pas une seule personne ne paraissait sur l'horizon, ils prirent la ferme résolution, toujours avec cette idée bien arrêtée de s'emparer de ce brigand à quelque prix que ce fut, de se transporter chez lui.

Ils partirent en effet ; mais malheureusement, pour eux, leur plan fut déjoué ; car, en arrivant en face de cette horrible habitation, soit qu'ils eussent été aperçus par quelqu'un des membres de cette abominable famille, soit qu'ils eussent été dévoilés par quelqu'un de leurs amis, qui étaient cependant en bien petit nombre, ilstrouvèrent toutes les portes, quoiqu'elles ne fussent pas d'une grande solidité, non seulement fermées à clef, non seulement traversées par des verroux, mais encore barricadées au moyen de grosses barres de bois.

N'écoutant que la voix du devoir, faisant abnégation de tout, même de leur vie ; car ils avaient à lutter contre des adversaires terribles et sanguinaires, pour qui la vie des hommes n'était rien, le vaillant et courageux maréchal-des-logis, tandis que les deux autres valeureux gendarmes surveillaient de pied ferme, la porte maîtresse, passant par les derrières de cette maison, apercevant une petite porte donnant issue sur le nord et par où le frère du brigand était prêt à s'enfuir, s'élança sur lui avec toute l'énergie dont il était capable, le saisit avec force, en lui disant d'une voix ferme et imposante : *tu es arrêté au nom de la loi* ! à ces mots le frère Pélot saisi d'effroi, et se sentant serré vigoureusement, se mit à crier : *au secours!* Aussitôt père, mère, frère et sœur accoururent précipitamment, sautèrent furieusement sur le brave sous-officier et, force lui fut de céder, fort heureux de pouvoir en échapper ainsi.

Furieux, l'intrépide Douchain vole auprès de ses deux assistants, leur raconte ce qui venait de se passer, et tous les trois, voyant qu'il leur était impossible de pouvoir réussir à leur entreprise, redoublant d'ardeur, volent chez le maire, mais il est absent; chez l'adjoint, de même; et alors ils s'élancent sur le clocher, sonnent le tocsin, et, au son d'alarme, personne n'ose bouger.

Indignés d'une pareille conduite, ils retournent chez Pélot, jurant d'en finir alors avec ces brigands; mais quelle grande ne fut pas leur déception, quand, en arrivant sur les lieux, ils aperçurent un trou pratiqué sur la toiture par où toute l'horrible famille avait fui.

Que faire alors? Exténués de fatigue et couverts d'eau, ils reprirent la route de Tarbes, où étant arrivés, et avant même de changer de vêtements, ils allèrent en rendre compte au commandant, qui, immédiatement, de son côté, donna connaissance à l'autorité départementale, de leur brillante conduite pendant cette journée, et à laquelle pas un habitant de la commune n'avait voulu répondre ni les seconder.

Indigné, lui-même, d'une telle conduite, M. le Préfet écrivit immédiatement au maire et à l'adjoint; mais ceux-ci, à la lecture de cette lettre foudroyante, protestèrent énergiquement de leur innocence, prétendant que le premier se trouvait appelé pour affaires administratives même dans le chef-lieu du canton et que l'autre était également absent de chez lui ce jour-là; qu'ils en étaient plus que fâchés, qu'ils ne méritaient pas de tels reproches, et qu'ils prouveraient, au besoin, la véracité de ce qu'ils avançaient, et que, bien loin de se cacher, comme on avait voulu le prétendre, leur grand désir eut été de pouvoir venir au secours de la gendarmerie dans cette circonstance inattendue, afin de débarrasser le pays de cette bande de brigands.

Pélot avait des correspondants dans presque toutes les communes environnantes. Parmi la bande qu'il commandait dans la Bigorre, se trouvait un nommé *Ça-ïra*, tailleur d'habits d'une commune voisine de celle qui, malheureusement, l'avait vu naître, son plus grand ami, son zélé serviteur, et sur qui reposait toute sa confiance. Ce nommé *Ça-ïra* avait deux fils dont l'un était âgé d'environ vingt ans, et l'autre de dix-sept, qui faisaient également partie de la troupe.

Un jour, tandis que *Ça-ïra* était à travailler de son métier, dans une maison d'une commune voisine, ayant appris que le curé de la commune de Peyrun possédait une assez bonne cassette, se hâta, à son retour de la journée, d'en faire part à son chef, qui reçut cette nouvelle avec une douce satisfaction, et lui dit : Eh bien ! *Ça va*, *Ça-ïra*, *nous irons lui pousser une visite*; *mais sais-tu si nous pourrons y pénétrer assez facilement ?*

« Non, lui répondit *Ça-ïra*, mais qu'importe, je trouverai un moyen pour bien m'en informer. »

Très bien !

En conséquence, le tailleur, plus avide d'argent que Pélot lui-même, et ce n'était pas peu dire, ayant rencontré un jour, non loin de là, un garçon meunier dont le nom m'échappe ; mais qui, cependant, faisait partie de la bande, lui dit : « Tiens, voilà du tabac. »

« Il faut que tu m'accompagnes chez « le curé de Peyrun pour lui en vendre. » Mais *Ça-ïra* se garda bien de lui faire part du but de son voyage.

Le meunier ne se doutant de rien, prit bien vite la marchandise et aussitôt ils se rendirent chez le vieux curé, âgé de 75 ans pour lui en offrir.

Celui-ci peu méfiant, agissant bonnement, leur répondit qu'il était pourvu pour le moment, mais que, si, cependant, ils en avaient en carotte il leur en prendrait. Sur leur réponse négative, le bon pasteur, tout en les remerciant, leur proposa de se rafraîchir, ce qu'ils acceptèrent, et, pendant le pour parler qui eut lieu alors, *Ça-ïra* jeta un coup d'œil rapide sur les lieux, et bientôt après ils partirent, le meunier d'un côté et le contrebandier de l'autre.

A son retour, Pélot lui dit : es-tu bien fixé ?

Mais certainement ; nous pouvons parfaitement pénétrer, car le portail est en déroute et je ne suppose pas même qu'on puisse le fermer, ou du moins difficilement.

Bien ! alors nous irons demain au soir, en parlant de la nuit du 24 au 25 avril 1815. Tu feras venir tes deux fils avec toi, et vous vous armerez de vos fusils.

Soit.

Mais *Ça-ïra* craignant d'éveiller quelque soupçon en se rendant tous les trois ensemble chez Pélot, dit à son cadet de s'y transporter, en lui disant que son frère et lui les attendraient à quelque distance de là.

Fidèle à la voix de son digne père, le jeune *Çà-ïra* se rendit effectivement chez Pélot, et, après lui avoir fait part de sa mission, Pélot lui dit : « *tiens voilà un cornet de noir de fumée au coin du chambranle, prends-le, barbouille-t-en bien la figure et emporte-le ensuite pour en faire faire de même aux autres.* » Aussitôt dit, aussitôt obéi.

Cela étant ainsi, Pélot prit sa carabine *et son sabre qu'il avait caché dans son grenier à foin*, et alla rejoindre les deux autres, et après que ceux-ci, ainsi que leur chef, se furent également noircis, ils partirent par une nuit très calme et bien azurée, n'étant troublés que par le chant mélodieux du rossignol, et se rendirent par des sentiers étroits et tortueux, à travers les bois et les vignobles, dans la commune de Peyrun.

Arrivés en face du presbytère, et après s'être bien assurés que personne ne pouvait les troubler, ils pénétrent par le portail dont s'agit, d'abord dans l'écurie et puis, de là, dans la cuisine où la servante était couchée.

Ils s'approchent à tatons de son lit, se jettent précipitamment sur elle, commencent par lui fermer la bouche, la forcent ensuite à se lever et à leur donner de la lumière en lui enjoignant, sous peine de mort, de balbutier un seul mot.

Effrayée, terrifiée, la vieille servante se lève, allume la chandelle, et, à la vue de ces monstres, elle s'écrie : Ah mon Dieu ! mais aussitôt elle est arrêtée par l'un d'eux qui lui dit : *allons ! tais-toi ! si non....*

Au nom du ciel, ne me tuez pas! je vous en conjure, repète-t-elle, d'une voix basse et tremblante.

« Ne crains rien, lui répondent-ils; nous ne « voulons te rien faire! mais à condition que » tu ne bougeras pas; que tu ne diras pas » mot, si non veilles-y bien, et conduis nous » auprès de ton maître, nous voulons le « voir! »

Plus effrayée que jamais, et craignant que leurs menaces ne fussent suivies de voie de fait, la gouvernante s'avance, d'un pas chancelant, suivie des brigands, ouvre avec peine la porte de son maître et, tandis que celui-ci dort d'un paisible sommeil, l'un d'eux lui plonge le bout du canon de sa carabine sur ses lèvres entr'ouvertes et la pointe de son épée sur son cœur, en lui disant : *Debout! et sans mot dire! si non......*

Aussitôt le vieux prêtre se réveille en sursaut, veut pousser des cris, mais il est bientôt arrêté par la secousse qu'il reçoit.

Lève-toi lui disent-ils, d'un ton menaçant : donne-nous tes clefs ou ton argent! Si non ta vie est en danger.

De l'argent? mais je n'en ai pas.

Allons, pas d'observations, tes clefs, ton argent ou ta vie !

N'osant plus résister, en face de pareilles menaces, l'octogénaire leur livre ses clefs en leur disant : « tenez, les voilà ; mais de » grâce, je vous en supplie, laissez-moi la » vie ! »

Aussitôt, tandis que Pélot lui tient encore sa carabine et son sabre dans la même position, qu'un autre lui serre les bras avec des cordes, que le troisième surveille la servante, le quatrième, armé des clefs, brise, enfonce, sacage armoires et commodes, enlève une somme de 4000 francs et une partie de linge de luxe, et revient rayonnant de joie auprès de ses associés en leur disant : *Ça y est, vous pouvez les lâcher, la soirée n'est pas mauvaise, elle vaut 4,000 francs au moins.*

Au moment où les deux captifs, allaient être rendus à leur liberté, l'un des brigands dit : « mais ce n'est pas tout, il faut nécessai» rement que cette vieille servante ait fait quelques économies, il faut le savoir » et aussitôt force lui fut de céder ses clefs, et une somme de 1200 francs, produit de ses réserves, lui fut à l'instant enlevée.

Contents de leur capture, les brigands délièrent les deux captifs, et l'un d'eux, Pélot, en frottant les bras du vénérable pasteur, lui dit en riant :

« Nous ne t'avons pas fait beaucoup de » mal, nous emportons seulement ton argent » et une partie de ton linge, mais nous te » laissons du grain et du vin pour vivre et si » tu dis la moindre des choses de tout ceci, » nous reviendrons te pousser une seconde » visite, et alors....... » et au même instant ils prennent la fuite.

Que faire ? que devenir ? ah ! les pauvres gens ! voilà leur embarras ! oser se hasarder à sauter sur la rue ? non ! oser rester seuls ? moins encore ! ah ! que leur position était triste ! où étaient les brigands ? ils l'ignoraient ! voilà leur désolation.

Dans cette perplexité, la servante oubliant la promesse formelle de son maître et les menaces dont il était l'objet, n'écoutant que la voix de son devoir, et bravant toute sorte de danger, saute en désordre, les cheveux épars, la figure décomposée, chez le voisin en criant : au secours!... à l'assassin!...

Aussitôt le voisin, terrifié lui-même, par les cris sinistres qui viennent de le réveiller et poussés par une voix qui ne lui était pas inconnue, se lève précipitamment en cherchant à connaître le motif d'un tel désespoir.

Nous sommes volés, nous sommes pillés, répond la vieille gouvernante ; des voleurs se sont introduits dans le presbytère, et rien n'a été respecté ! tout a été enlevé !

Aussitôt, glacé d'effroi, le bon et honnête paysan, vole au clocher, sonne le tocsin et, au signal d'alarme, tous les habitants épouvantés se lèvent, sautent sur la rue, les uns armés de fusils, les autres de haches, de pioches, enfin de tout ce qui peut tomber sous leurs mains, courent pêle mêle vers le presbytère, d'où les cris sinistres partaient, trouvent le bon curé et sa servante dans la plus grande désolation, leur prodiguent tous les soins qui sont en leur pouvoir, et, dès qu'ils sont renseignés sur l'attentat qui venait d'avoir lieu, tandis que les uns restent en surveillance auprès du vieillard, les autres parcourent tous les coins et recoins de la commune et des environs, mais malheureusement, hélas! c'était trop tard; car les brigands étaient déjà bien loin.

Avertie, le lendemain d'un pareil vol, d'un pareil attentat, par le Maire de Peyrun, la gendarmerie de Rabastens se rendit sur le champ, dans cette commune, dressa procès-verbal du fait et tout se borna là.

A peu de jours de là, et tandis que la gendarmerie infatigable, redoublant de zèle de jour en jour, faisait tous ses efforts pour s'emparer du chef de bande, en débarrasser le pays, et lui rendre la securité depuis si longtemps perdue, Pélot, averti par un de ses affiliés, car, comme je l'ai déjà dit, il en avait, pour ainsi dire, partout, que la dame Sénac, veuve Lafontaine, d'Artagnan, possédait de forts capitaux, s'y transporta avec une partie de sa bande dans la nuit du 29 au 30 mai suivant.

Mais comme cette maison qui est l'une des plus fortes de la commune, se trouvait parfaitement fermée de tous les côtés, force fut aux brigands d'escalader le mur du jardin qui donnait sur la basse-cour, pour y pénétrer.

Mais quelle ne fut pas leur surprise ! quand arrivés sur la basse-cour, aucune des portes ne voulait s'ouvrir, ni fléchir sous leur pression ! oh ! alors, le désespoir commençait à s'emparer d'eux, quand en tournant du côté de la fournière qui donnait l'entrée dans l'intérieur de la maison, ils aperçurent une simple et petite ouverture ou lucarne qui était ouverte et dont deux baguettes en fer, placées en croix, en empêchait l'entrée. Aussitôt ils se mirent en mouvement, et armés de certaines barres de bois qu'ils trouvèrent dans la cour, les brisèrent et s'introduisirent ainsi dans l'intérieur.

Mais alors un second embarras, plus formidable, se présente encore devant eux. Ils savent parfaitement bien qu'il y a dans la maison un jeune et vigoureux domestique qui peut mettre un grand obstacle à leurs desseins ; mais où est-il couché ? se demandent-ils ; il faut commencer par s'emparer de lui ; car, sans cela notre entreprise tombe dans le néant, quand l'un d'eux qui connaissait sa chambre, et c'était, sans doute celui qui avait donné l'éveil, dit : Suivez-moi, je sais où il couche ordinairement.

En effet, l'instigateur était bien renseigné ; car en arrivant dans la chambre du jeune conscrit, ils le trouvent plongé dans un profond sommeil, sautent immédiatement sur lui, et, sans qu'il eut le temps de faire le moindre mouvement, ni même de pousser un seul cri, le saisissent violemment, avec injonction formelle, sous peine de mort, de prononcer un seul mot, le forcent à se lever, à leur donner de la lumière et le serrent selon leur habitude.

En présence de ces terribles menaces, le jeune domestique ne sait qu'obéir, et alors guidés au moyen de bougies qu'ils avaient attachées au bout de leurs fusils, ils descendent les escaliers, leur prisonnier en tête, toujours avec défense de dire un seul mot et de faire le moindre mouvement, et arrivent dans la chambre voisine où la veuve Lafontaine était couchée.

Cependant celle-ci ne dormait pas dans ce moment-là, mais elle était loin, avec cela, de s'attendre au coup qui allait la frapper. Sachant que son domestique devait la quitter le matin même, elle crut, au bruit qu'elle avait entendu, qu'il fesait ses préparatifs de départ.

Mais quelle ne fut pas sa surprise, lorsqu'elle vit pénétrer dans sa chambre, son domestique en tête, la bande des brigands, masqués comme toujours ! Elle voulut pousser des cris ; mais force lui fut de se taire.

Alors l'un d'eux s'approchant d'elle, tenant sa carabine dans ses mains, lui dit d'une voix basse et d'un ton menaçant : « Veuve La-
» fontaine, lève-toi promptement et sans
» bruit ! donne-nous ton argent et ne crains
» rien ! »

Mon argent ? dit-elle, mais je n'en ai pas.

Allons ! dépêche-toi, voyons ! si non.. ....

Je vous répète que je n'en ai pas.

N'insiste pas, nous savons que tu dois avoir 3 ou 4000 francs en or. Il nous les faut ou bien ta vie en dépend !

Alors, la couchant en joue, il lui dit : cède pendant qu'il en est temps !

Ah ! si vous n'en voulez qu'à ma vie, me voilà ; vous n'avez qu'à frapper ; le sacrifice en est fait ; je ne crains pas la mort ; mais de l'argent, je vous le répète encore, je n'en ai pas.

A cette réponse énergique, foudroyante, celui-là même qui la menaçait ainsi, lui dit : alors, lâche tes clefs !

Mes clefs, les voilà, répondit-elle, avec un air d'assurance.

A l'instant, tandis que l'un d'eux est à la surveiller ainsi que son domestique qui est sans mouvement, les autres s'élancent dans tous les appartements et même jusques dans les greniers, brisent, saccagent toutes les armoires et commodes qu'ils rencontrent ; dispersent çà et là le grain qui se trouvait dans la partie supérieure de cette habitation, mais inutilement !

Furieux, ils reviennent avec de nouvelles menaces auprès d'elle ; mais en vain, car elle oppose la même résistance.

En face de ces réponses énergiques, voyant que le voile ténébreux allait se déchirer et que l'hirondelle commençait à faire retentir les airs de son gazouillement, ils se disposent à fuir, quand l'un d'eux écumant de rage, dit, en parlant du domestique : *Et ce camarade-là doit bien avoir quelque argent ? il faut qu'il le donne !*

Non, répondit un autre, qui, selon toute apparence, le connaissait particulièrement. « Laissez-le ; car c'est un pauvre diable qui » doit partir ce matin pour aller rejoindre son » régiment et je suis plus que sûr qu'il n'est » pas bien riche. »

En effet, répondit le domestique : je ne sais comment faire ma route.

Alors puisqu'il en est ainsi, laissons-le et fuyons.

Ils partirent, en effet, et, tout en franchissant le mur dont j'ai déjà parlé, l'un d'eux, dans son élan, laissa, sans oser le ramasser, de crainte d'être surpris, tomber son chapeau, qui, plus tard, fut reconnu par un des témoins, pour être celui dont l'un des fils de *Ça-ïra* était coiffé un jour en passant sur l'allée de Tostat.

Cependant, malgré la grande consternation qui régnait dans la maison, la veuve Lafontaine, s'armant de courage, saute immédiatement dans la cuisine, saisit le premier couteau qui tombe sous ses mains, rompt la corde qui serrait les poignets de son jeune domestique et volent tous les deux, comme un éclair, sur la rue en criant : à l'assassin ! au secours !

Aux cris déchirants qui se font entendre, les voisins se lèvent précipitamment tous abasourdis et, tandis que les uns volent au secours des pauvres victimes, les autres s'élancent au clocher, sonnent le tocsin, et, au signal d'alarme, tous les habitants sautent sur la rue, transportés, hors d'eux-mêmes, accourent en désordre armés de tout ce dont ils ont pu se saisir, vers la maison Lafontaine, d'où les cris sinistres partaient ; mais malheureusement, et comme toujours, ce fut trop tard; car les brigands étaient déjà en pleine sûreté.

Dépeindre l'effet qu'un pareil attentat produisit dans la commune, est chose inutile.

N'écoutant que la voix de son devoir, le maire dans l'espérance de pouvoir trouver encore quelqu'un de ces scélérats dans les environs, car le jour paraissait à peine, dépêcha un de ses administrés pour en avertir la gendarmerie de Vic qui se rendit immédiatement, mais en vain.

En présence de tant de ravages, de tant de scélératesse, les habitants du pays étaient dans une si grande consternation que pas un seul ne se croyait en sûreté, même en plein jour, ce qui fit que des demandes sur demandes furent adressées journellement et de toutes parts, soit à la gendarmerie, soit à l'administration départementale, afin qu'elles voulussent bien les débarrasser par tous les moyens possibles, de pareils monstres, et M. Milon de Mesnes, alors Préfet des Hautes-Pyrénées, de concert avec le commandant de la gendarmerie, et dont l'amour pour ses administrés était à toute épreuve, partageant leur effroi et tremblant lui-même au nom seul de Pélot, en référa à l'administration supérieure qui, à son tour, effrayée elle-même, de tant de désastres, envoya immédiatement des ordres formels à la gendarmerie pour s'emparer du chef des brigands à quelque prix que ce fut.

Aussitôt la réception de ces ordres, le commandant de la gendarmerie résolut d'établir un camp entre Tarbes et Rabastens, et la commune de Chis fut choisie à cet effet.

En conséquence il écrivit à M. le Préfet une lettre conçue en ces termes :

» Monsieur le Comte,

« Ayant ordre d'établir une brigade de » gendarmerie sur la route de Tarbes à Ra- » bastens, pour assurer le libre cours des » voyageurs et voitures publiques, je vous » serai bien obligé de donner l'ordre à M. le » Maire de la commune de Chis de fournir un » logement propre et convenable à y recevoir

» mes gendarmes et leurs chevaux. Si vous » vouliez encore me faire le plaisir de me » remettre votre lettre, afin que je puisse, » moi-même en faire la remise et reconnaître, » de concert avec lui, le local qu'il désignera.

» J'ai l'honneur, etc. »

Aussitôt la réception de cette demande, M. le Préfet écrivit, par l'intermédiaire du comte d'Uzech, au maire de Chis, la lettre suivante :

« Monsieur le Maire,

» Le commandant de la gendarmerie de ce » département, ayant reçu l'ordre d'établir, » provisoirement, une brigade sur la route de » Tarbes à Rabastens, pour assurer le libre » cours des voyageurs et voitures publiques, » je vous préviens que vous devez faire four- » nir, par ceux de vos administrés, qui sont » le plus à portée de la route, un logement » propre et convenable à recevoir une brigade » à cheval.

» Je vous invite, en conséquence, à vous

» en entendre à M. le comte d'Uzech, porteur » de la présente. Vous ferez en sorte qne le » logement soit le plus commode possible et, » toutefois, vous désignerez un particulier » qui ait la faculté de le supporter, sans trop » se gêner.

» L'établissement de la brigade dont il est » question, étant momentané et extraordi- » naire, je me plais à croire, Monsieur, qu'il » n'y aura aucun de vos administrés qui ne » s'empresse à fournir le logement que vous « désignerez.

» J'ai l'honneur, etc. »

A la réception de cette lettre, le comman- dant qui n'en ignorait pas le contenu, part comme un éclair, se rend chez M. le Maire, et, tout en lui faisant part du but de son voyage, la lui communique. Aussitôt celui-ci la saisit, la dévore, et brûlant du désir de seconder de toutes ses forces et de tout son pouvoir et le représentant du département et le chef de la gendarmerie pyrénéenne, se rend, avec lui, chez un paysan notable de la commune, dont l'habitation confrontait à la grand route si redoutable, et, qui, avide, lui-même, de venir au secours du voyageur, depuis si longtemps en danger, et qui, partageant les bons sentiments qui animaient et M. le ministre, et le chef du département et M. le comte d'Uzech, se sentit trop heureux de pouvoir leur être utile et agréable dans pareille circonstance et dans un but si louable, et le lendemain une garnison était établie chez lui.

A la nouvelle de cette mesure sage et pour ainsi dire pleine d'assurance, les habitants des environs furent transportés de joie, mais il n'en fut pas de même du voyageur, qui effrayé déjà n'osait, pas plus qu'avant se hasarder à passer sur cette route, qui avant l'installation du fameux brigand dans ces parages, était, sans contestation, la plus commerçante de la Bigorre.

Les agents de la haute police s'en aperçurent bien vite, aussi ils redoublèrent de zèle et d'ardeur ; firent tous les efforts possibles pour détourner le prudent voyageur de sa frayeur et l'encourager. Ils se sacrifièrent même pour atteindre le but qu'ils s'étaient proposé. Pas un moment de trêve, pas un moment de repos! c'était à celui, d'entr'eux qui l'emporterait ; à celui qui aurait la palme de la victoire ; il fallait, à tout prix, que Pélot fut vaincu, fut happé !

En conséquence, le gendarme Mathieu, de la résidence de Rabastens, voulant faire preuve de dévouement, se rendit, accompagné d'un de ses camarades et d'un nommé Delon, tailleur d'habits, pendant une nuit très obscure dans la maison Pélot, afin de s'assurer, par les fentes des portes et contrevents, si réellement le chef de bande s'y trouvait ; mais s'étant convaincus du contraire, en n'apercevant que deux femmes entourant le foyer, inoccupées pour ainsi dire, ils allèrent se cacher contre une haie de buis passablement touffue bordant le jardin, attendant là, de pied ferme le moment où le messie viendrait.

Leur constance produisit son effet ; car le jour commençait-il à peine à paraître, que Pélot, revenant de ses excursions nocturnes, arrive à pas comptés, s'approche insensiblement de la haie et, arrivé à une certaine distance entendant un bruit sourd, il s'arrête tout-à-coup, en disant, à voix basse : mais, qui me regarde?

Aussitôt il s'élance vers la maison, frappe vivement au contrevent et, à l'instant même, mère et sœur ouvrent, et, en le voyant si haletant, elles s'empressent de s'enquérir du motif de cette grande animation.

« Vite, vite, répondit-il, vite un fusil!

» Lequel?

» Le premier venu, n'importe!

» Mais qu'y a-t-il donc?

» Je ne sais trop; mais j'ai cru apercevoir
» un bonnet de police contre la haie.

» Un gendarme, peut-être!

» Quelque chose comme cela. Mais il faut
» qu'il s'en repente.

» Ah! puisqu'il en est ainsi, répondit sa
» digne sœur, tiens, voilà ta carabine, fais
» attention, ajuste bien et ne le manque pas. »

Aussitôt Pélot saisit sa chère carabine, revient sur ses pas, s'approche insensiblement de l'endroit où il avait entendu un certain mouvement et où il avait cru remarquer le gendarme, et arrivé à une certaine distance, et tandis qu'il marchait à pas lents, sa tête inclinée contre terre et dans l'attitude d'un chasseur qui est prêt à faire feu, les deux assistants tremblant de frayeur et craignant pour leurs jours, pressent Mathieu en lui disant : « Le voilà, tirez, pendant qu'il en « est temps. »

A l'instant l'agent de la haute police qui se tenait en garde, l'ajuste, fait feu ; mais malheureusement son arme ne prit qu'extérieurement ! Tout-à-coup Pélot riposte et comme sa carabine, par un fait providentiel, sans doute, ne se trouvait chargée en ce moment là que de gros plomb, le blesse très-légèrement et s'enfuit précipitamment à travers les bois, et force fut alors à Mathieu et à ses deux assistants de se retirer.

A quelques jours de là, Pélot ne rêvant que crimes sur crimes, se rendit un soir vers une heure assez avancée de la nuit, accompagné d'un autre monstre comme lui et qui, depuis peu de jours, s'était associé à sa bande, dans une maison de la commune de Dours, qui n'était habitée (ah! le sauvage, il le savait bien) que par une jeune et malheureuse veuve et par une de ses sœurs, mais qui, par hasard et fort heureusement pour elle, était absente ce soir là, et tandis que cette malheureuse était à se lamenter sur la perte qu'elle venait d'éprouver, Pélot et son associé frappent à la porte; mais personne ne répond; ils appellent, même silence! et cependant la jeune veuve tremblait; elle n'osait faire le moindre mouvement ni même respirer, tant était grande sa frayeur!

Irrités et voulant, à tout prix, accomplir l'œuvre brutale et sauvage qu'ils avaient méditée, ils s'élancent comme deux lions contre la porte qui cède sous le coup formidable qu'elle reçoit, se jettent furieusement sur son lit pour assouvir leur brutalité, leur sauvagerie, mais elle leur oppose la plus vive résistance. Ils ont beau la menacer de mort si elle ne cède pas; elle reste toujours inflexible, elle se défend avec toute l'énergie possible; mais ne pouvant plus lutter contre la force brutale, elle dut céder et le crime fut consommé !

Non contents encore, ils l'enlèvent de sa couche, la jettent à terre, la traînent par les cheveux, la soufflètent et puis s'en vont chez son voisin, marchand de vin, qui, lui aussi, dit-on, faisait partie de la bande, s'y regorgent et lui font part de ce qui venait de se passer.

Quelques instants après, dès qu'elle eut un peu recouvré ses forces et qu'elle fut revenue de sa frayeur, quoique déchirée, quoique meurtrie, quoique baignée dans son sang; mais n'osant plus rester chez elle, de crainte d'une nouvelle attaque, la malheureuse victime se traîne, tant bien que mal, chez son voisin, pour lui demander l'hospitalité pour le restant de la nuit, frappe à la porte et aussitôt la lumière s'éteint, l'aubergiste sort, la trouve les cheveux en désordre, ensanglantée, et comme elle se disposait, tout en le priant de la recevoir chez lui jusqu'au lendemain, à lui raconter les scènes de violence dont elle venait d'être victime, le marchand de vin l'arrête, tout-à-coup, en lui disant : « Tais-toi, je sais tout ; car ils sont » ici et m'ont tout dit ; va, sauve-toi, mieux » vaut pour toi ; quant à moi il m'est impossi- » ble de te recevoir, dans ton intérêt même, » pour le moment. »

Que faire alors ; que devenir ; où aller ! ses forces fléchissaient et, tandis qu'elle fondait en larmes, elle laisse échapper un cri de douleur, de désespoir même, et aussitôt, les deux brigands ayant remarqué sa voix, sortent précipitamment, la saisissent violemment par le bras, la traînent malgré sa grande résistance chez elle, recommencent leur brutalité, leur sauvagerie, la forcent à les éclairer et, trouvant du vin sur la table, ils en boivent et veulent la forcer à en faire de même, mais en vain ! elle s'y refuse formellement en leur lançant un regard d'indignation ! ils insistent ; même refus, même résistance ! me voilà, dit-elle, mais plutôt que je n'accepterai je me laisserai tuer ! d'ailleurs vous m'avez enlevé l'honneur ! vous pouvez bien m'enlever la vie ! je suis résignée !

Alors Pélot en souriant tira une pièce de six francs de sa poche, en lui disant :

» Tiens je te donne ceci pour t'indemniser » du mal que nous t'avons fait et pour répa- » ration des dégats que nous avons commis » chez toi. »

Comment monstres ! vous avez encore le courage et l'audace de me présenter quelque gratification ? mais pour qui me prenez vous ? vous voulez m'indemniser, dites vous ? oh ! non ! jamais vous ne pourrez réparer le tort que vous venez de me faire ! les dégats je n'y pense pas ; les mauvais traitements je pourrai les oublier ; mais le reste jamais !

Et tandis qu'un torrent de larmes tombait de ses yeux et sillonnait son visage, Pélot qui tenait toujours sa pièce de six francs dans sa main, la lui glisse dans sa poche, en lui disant ; *il faut que tu l'acceptes, si non... et si tu viens à parler à qui que ce soit de ce qui vient de se passer, nous reviendrons te revoir et alors nous te tuerons et nous te suspendrons au plancher*, et en même temps ils s'enfuirent.

Oh! que la nuit fut longue! chaque heure pour cette malheureuse victime était non seulement des années entières, mais des siècles; mais quand la cloche du village vînt annoncer le jour, elle se lève, court chez le maire, oubliant les promesses formelles qu'elle avait données de ne rien dire, ainsi que les menaces qu'elle venait d'entendre, faisant abnégation de sa vie; mais tenant à son honneur, elle alla lui faire part des traits de scélératesse dont elle était victime et aussitôt le maire en donna connaissance à la gendarmerie du canton qui se rendît aussitôt et en dressa procès-verbal et tout finit par là.

Non loin de là, avide de sang et fidèle au serment qu'il avait fait de se venger, chaque fois que l'occasion s'en présenterait, contre tout gendarme quelconque et contre toute personne qu'il soupçonnerait de trahison, un jour au moment même où le gendarme Clai-reau, de la résidence de Tarbes, accompagnant le percepteur de Pouyastruc auprès de qui il avait été envoyé pour affaires administratives, est arrivé à la hauteur du bois qui servait d'habitation au chef de bande, en face de l'allée de Tostat, le brigand qui était caché dans les broussailles, entendant le piétinement des chevaux et le cliquetis des armes du gendarme, se dresse sur son séant; prend son arme favorite et à peine les deux voyageurs, peu craintifs, sont-ils passés, qu'il lache à l'innocent gendarme un coup de feu, lui crible tout son corps de gros plomb, lui perce, d'une balle la cuisse gauche de part en part, et aussitôt Claireau tombe de son cheval en criant : A moi! au secours! je suis perdu! ce lâche brigand m'a tué!

Effrayé, le percepteur se précipite de son cheval, se jette sur lui, lui prodigue tous les soins qu'il lui est possible, l'exhorte à la résignation, au courage et à la patience; le relève, comme il peut et le traîne, tant bien que mal, jusqu'au vilage voisin, où il fut forcé de rester jusqu'au lendemain.

A la nouvelle de cette tentative d'assassinat, tous ses camarades bondissant de colère, partirent immédiatement; mais que faire? Pélot avait déserté ces lieux là et était en pleine sûreté,

Vindicatif au plus haut degré et se rappelant le refus formel qu'un nommé Baudéan alors adjoint au maire de Soréac lui avait donné relativement à la délivrance d'un certificat de bonne vie et mœurs que Pélot voulait se faire donner, même par force, ayant appris que ce digne magistrat qu'il soupçonnait encore de trahison, était à travailler, seul, sur un de ses champs non loin du bois, il s'y rend en toute hâte, armé de sa carabine, et, profitant du moment où cet honnête paysan avait le dos tourné contre lui, il lui lache un coup de feu, le traverse de part en part et l'étend raide mort sur le fruit de son travail.

Pensant qu'il ne l'avait pas complètement tué, il s'élance sur lui dans l'intention bien arrêtée de l'achever ; le tourne et le retourne ; et, voyant que ce malheureux ne donnait plus aucun signe de vie, il reprend tranquillement sa route, satisfait de sa vengeance.

A la nuit tombante, inquiets de ne pas le voir rentrer à son heure ordinaire et sachant que Pélot lui conservait quelques sentiments de vengeance, ses enfants vont à sa rencontre, demandant de ses nouvelles à tous ceux qu'ils rencontraient et comme personne ne leur en donnait ils continuèrent leurs recherches. Mais quelle ne fut pas leur surprise, quand arrivés sur l'endroit où il était à travailler, ils l'aperçurent gissant, la face tournée contre terre ! ils courent sur lui ; mais hélas ! il n'était plus ! alors la désolation fut à son comble ! Ce ne furent que des cris effrayants mêlés de torrents de larmes. Ils l'emportent et aussitôt arrivés à la maison, tout le monde court en foule, le médecin de la localité cherche à venir à son secours ; mais tous ses soins furent inutiles, la balle avait traversé la région du cœur et la mort avait été instantanée.

Quelques jours après ce forfait ayant rencontré, en compagnie de certaines autres personnes, l'une des filles de la victime qui se lamentait sur la perte irréparable qu'elle venait d'éprouver, Pelot lui dit :

» Si ton père était resté tranquille, qu'il se fut mêlé de lui et qu'il n'eut rien fait, ni rien dit, il ne serait pas là où il est, mais il n'a pas voulu le faire, tant pis pour lui !

Ne rêvant que haine et vengeance et soupçonnant encore un autre honorable paysan de sa contrée d'avoir voulu le trahir, il jura de s'en venger. Aussi, de concert avec un de ses affiliés, il se transporta quelque temps après pendant la nuit, avec son associé, dans la maison de ce paysan, bien décidé à exécuter sa vengeance.

Après avoir longtemps attendu, et rodé autour de la maison, voyant que sa persévérance n'aboutissait à rien, car tout était couché dans la maison, il s'élance dans la basse-cour où se trouvaient enfermés certains quadrupèdes, ouvre la porte de leur loge, leur donne le large et va se blottir avec son camarade contre une haie attendant le moment ou le propriétaire sortirait.

Son invention réussit, mais, cependant, pas aussi bien qu'il l'avait espéré.

Aussitôt que ces animaux se sentirent en liberté, ils s'élancèrent dans la basse-cour, allant heurter tantôt contre une porte, tantôt contre une autre.

Au bruit de leur grognement, le paysan surpris se lève précipitamment, vole vers la cour et tandis qu'il est à les renfermer, un coup de fusil lui est lancé il est blessé légèrement.

Aux cris effrayants poussés par lui et au bruit de la détonation de l'arme, toute sa famille se lève, vient à son secours, lui prodigue tous les soins possibles ; vole chez les voisins qui se transportent immédiatement chez le blessé en lui demandant s'il a reconnu le scélérat qui a pu se porter à cette extrémité; « oui, répondit-il, c'est Pélot ; car je l'ai parfaitement reconnu à la lumière produite par le feu de la poudre, et je ne me trompe pas. » Aussitôt on s'élance, on parcourt tous les endroits de la maison et ses alentours, mais Pélot et son ami étaient déjà partis et étaient hors de danger.

A quelques jours encore de là, ayant appris par son homme de confiance, car *Ça-ïra*, en voulait beaucoup à la bourse du clergé, que le curé de Sénac, possédait une assez modeste fortune, il résolut, sans se douter que c'était sa dernière excursion, de s'y rendre pour la lui enlever, à quelque prix que ce fut, mais ne connaissant pas plus les endroits de l'habitation du vénérable pasteur, que son instigateur lui-même, il lui dit :

Mais ce n'est pas tout, quoique tu saches de bonne source que le curé possède une assez bonne fortune et surtout en finances, il faut trouver le moyen de pénétrer chez lui.

Qu'à cela ne tienne, lui répondit le tailleur, j'y parviendrai.

Comment veux-tu t'y prendre ?

Mais en faisant toujours mon métier de contrebandier.

C'est bon pour une fois ; mais je crains que tu n'échoues.

Laissez-moi faire.

Je le veux bien, mais....

Quoi! mais..., expliquez-vous donc ? on dirait que vous commencez à craindre ou que vous n'avez plus de confiance en celui qui vous est si dévoué, si fidèle et qui ne cherche qu'à vous être utile en tout et pour tout.

Je ne l'ignore pas ; mais tant de fois la

cruche va à la fontaine, qu'elle finit par s'y casser.

Allons donc, je m'aperçois que votre courage fléchit, je ne vois plus chez vous cette activité, cet air décisif ordinaire, est-ce que vous tremblez déjà? est-ce que vous n'êtes plus l'homme d'autres fois? est-ce que vous avez oublié que tout le monde tremblait devant votre nom? ou enfin est-ce que vous n'avez plus de confiance en moi? votre ami, votre zélé serviteur!

Mais si! pas d'illusions là-dessus, je t'en supplie.

En parlant ainsi Pélot avait un pressentiment qui se réalisa comme on le verra par la suite,

Et reprenant son air sérieux, il dit à son intime :

Eh! bien va, marche, et fais en sorte de bien te fixer et puis tu me retrouveras!

Soit :

En effet, *Ça-ïra* qui ne respirait que l'odeur de l'or et de l'argent et voulant s'enrichir à quekque prix que ce fut, partit le lendemain, toujours accompagné d'un de ses associés et muni de sa marchandise habituelle, se rendit chez le vieux curé pour lui en offrir ; mais celui-ci plus avisé, plus prudent que son collègue de Peyrun, et se rappelant d'ailleurs, ce qui lui était arrivé en pareille circonstance, leur fit la même réponse, sans cependant leur donner le temps de s'initier sur les endroits de son habitation.

Cependant *Ça-ïra* cherchait à venir au but de son entreprise ; mais le vieux curé, avec sa politesse ordinaire, et se méfiant d'une pareille visite, sut parfaitement les congédier.

Sans se déconcerter, le tailleur, voulant gagner du temps, revint à la charge ; mais ce fut inutile.

Voyant sa grande persévérance, les deux négociants ambulants, sortirent faisant semblant de continuer leur industrie ; mais arrivés à quelque distance du presbytère, et, tandis que l'octogénaire ne pouvait plus les apercevoir, ils se séparèrent, partant l'un d'un côté et l'autre allant rejoindre celui qui l'attendait impatiemment.

Aussitôt qu'il le vit, Pélot dit à son ami :

Eh ! bien, quel est le fruit de ton voyage ?

Mais pas excellent ;

Je l'avais bien prévu.

Je ne sais s'il s'est méfié, mais reste toujours que nous avons eu bientôt fini avec lui ; cependant je crois avoir remarqué, quoiqu'il eût constamment ses regards fixés sur nous, que nous pouvons facilement pénétrer dans l'intérieur de la basse-cour en franchissant le mur de clôture.

Tu le crois ?

Certainement !

Alors tu reviendras demain au soir, en parlant du 6 Décembre 1815, accompagné toujours de tes deux fils et armés comme d'habitude ; et nous irons lui pousser une visite soignée. Mais crois-tu qu'il ait des fonds ?

Certainement.

Alors c'est fini, nous partirons demain au soir :

Soit :

Mais Lartigue plus avisé que tout cela et dans

la crainte que quelque soupçon ne vint planer sur lui dans le cas que leur entreprise n'eut pas une bonne suite, partit le lendemain pour aller travailler de son métier, Il y resta, en effet, toute la journée, non pas dans le but de remplir son devoir; mais bien dans l'espérance de pouvoir ainsi établir son alibi, ci-dessus le cas arrivant,

Quand l'heure de la fin de sa journée eût sonné, *Ça-ïra* prit ses outils et simulant l'homme pressé et qu'un grand travail attend à la maison, il part, mais au lieu de se retirer, comme il l'avait fait entrevoir, il dirige ses pas vers la maison Pélot, où il trouve ses deux bien-aimés fils, ainsi qu'il le leur avait recommandé le matin, lors de son départ pour la journée.

A l'instant Pélot, leur présente comme d'habitude, le cornet de noir de fumée, leur en fait barbouiller la figure et puis il en fait de même et s'étant armés chacun de leur fusil et de certaines autres armes meurtrières, ils partent couverts de leurs manteaux; car ce soir là le temps était très mauvais, très froid, et le terrain était couvert de neige, à travers les champs et les bois, par des sentiers impraticables, mais par où ils ne pouvaient être découverts par personne et arrivent entre les sept et huit heures du soir, en face de l'habitation du vieux curé.

Après avoir rodé pendant un certain temps autour du presbytère et s'être aperçus que personne ne pouvait leur faire ombrage, ils sautent par le dessus du mur de clôture et s'introduisent dans la basse-cour, où ils se blottirent pendant quelques instants attendant le moment favorable pour pouvoir pénétrer dans l'intérieur de la maison.

Mais au bout de quelques instants, et tandis que le vénérable pasteur était à se chauffer et à souper avec sa servante et une jeune de ses nièces qui était allée le voir pour y passer quelques jours, le chien commence à donner quelques signes d'impatience, à raisonner tout bas et puis à prendre le haut ton. Le vieux curé, qui n'avait aucun doute de la moindre des choses, lui impose silence, mais inutilement; car ce cerbère fidèle redoubla de plus fort et alors force fut au curé de le faire chasser.

Aussitôt commandé, aussitôt obéi, mais au moment où la servante ouvre la porte pour lui donner le large, elle se sent saisie par des mains vigoureuses qui la renversent contre terre et au seul cris épouvantable, effrayant, qu'elle peut pousser, son maître quoique avancé en âge, s'élance pour venir à son secours, mais il est, lui aussi, saisi aussitôt par des mains fratricides et brutales qui le terrassent. Comme il se disposait à opposer de la résistance, l'un d'eux lui lance un coup de poing sur l'œil gauche, le renverse sans connaissance en lui disant : est-tu rendu? mais oui, leur répondit-il d'une voix entrecoupée; mais au moins je vous en conjure, laissez-moi la vie!

Aussitôt ils s'élancent sur la servante que l'un d'eux tenait la face contre terre, la traînent dans la cuisine et puis, tandis que l'un des brigands la tient en surveillance, les autres s'élancent dans les appartements, enlèvent, brisent, saccagent tout ce qui tombe sous leurs mains.

Cependant au milieu d'un tel fracas, effrayée, les yeux ruisselant de larmes, la jeune nièce dans l'espérance de faire mettre un terme à tous ses dégats et craignant pour les jours de son oncle, s'échappe par une porte dérobée et tandis qu'elle vole chez le voisin pour crier au secours, l'un des brigands l'aperçut, se met immédiatement à sa poursuite, la saisit et la ramène à la cuisine avec défense expresse de faire un seul mouvement.

Pendant ces entrefaites la servante se glisse insensiblement par une autre issue inconnue, vole, les cheveux en désordre, son visage meurtri et ruisselant de sang, chez le même voisin, frappe violemment à la porte en criant : au secours ! à l'assassin.

A ces cris frémissants poussés par une voix qui ne lui était pas inconnue, le voisin se lève précipitamment vole à son secours et puis au clocher, sonne le tocsin et au premier son d'alarme, les voleurs s'enfuient avec toute leur célérité possible, emportant plusieurs effets, mobiliers, notamment un fusil double et deux pistolets d'arçon. La population descends tout-à-coup sur la rue, s'élance, armée de tout ce qui se rencontre sous ses mains, court en désordre, vers le presbytère, d'où partaient les cris effrayants. Mais encore une fois, c'était trop tard, car les brigands étaient déjà bien loin.

Comme toujours, les habitants de la commune, tandis que les uns étaient à soigner le vieux pasteur qui avait reçu comme je viens de le dire, un coup terrible sur son œil gauche, d'où le sang coulait à gros flots, les autres s'élancent dans les rues et *extra-muros*, mais vainement encore!

Combien étaient-ils? demandait-on au vénérable pasteur, et en avez-vous reconnu quelqu'un? Ils étaient quatre, répondit-il, et quoiqu'ils eussent leurs figures noircies, j'ai cru, cependant, pouvoir en distinguer un et le reconnaître assez parfaitement, pour être, l'un des deux qui sont venus m'offrir, il n'y a qu'un instant, du tabac, pour le nommé *Ça-ïra*.

Aussitôt le Maire, en donne connaissance à la gendarmerie de Rabastens, qui s'y transporte à l'instant et après s'être bien renseignée, se rend chez le nommé *Ça-ïra*, trouve ses deux fils encore teints de suie faisant semblant de travailler, et *Ça-ïra*, lui-même, couché sur son lit, feignant d'être malade.

Au premier regard fixe jeté sur eux par les agents de la haute police, les deux frères Lartigue rougissent et changent de contenance. A ce mouvement suspect les gendarmes les saisissent, les garrottent et s'emparent d'eux. Puis procédant à une perquisition, ils fouillent tout dans la maison, renversent les hardes de leur lit où ils trouvent, entre le matelas et la paillasse, deux fusils chargés, couverts de boue et encore mouillés. Non contents de cette première trouvaille, ils font lever le pauvre moribond qui fait semblant de serrer son ventre et de ne pouvoir pas se traîner, fouillent dans sa couche, y trouvent encore, placés dans le même endroit, un autre fusil non moins propre et moins sec que les deux autres, un manteau et une capote, couverts encore d'eau et de boue fraiche, s'emparent de lui, et tandis qu'une partie des gendarmes sont à les surveiller, les autres s'en vont chez d'autres personnes, se renseigner sur leur conduite et sur leurs antécédents ; et, comme il leur est répondu d'une voix unanime que la moralité de cette famille laissait beaucoup à désirer et qu'elle faisait partie de la bande de Pélot, les gendarmes vont rejoindre leurs camarades qui étaient en surveillance chez Lartigue et, après avoir pris toutes leurs précautions de sûreté, quant aux trois prisonniers, ordre leur est donné de marcher, et à peine sont-ils partis que la femme Lartigue vole chez Pélot pour lui en donner connaissance. A l'instant, le chef des brigands, dans l'espérance de pouvoir les débarrasser, saisit toutes ses armes meurtrières, court à la poursuite des gendarmes, mais craignant d'être dévoilé par le bruit de la neige glacée, qui craquait sous ses pas, il rebrousse chemin et les prisonniers sont conduits, d'abord à Rabastens et puis de là à Tarbes.

Interrogés le 14 Décembre 1815, par le ferme, l'énergique, le savant et honorable magistrat, chargé alors de l'instruction,

M. Figarol, dont le nom restera éternellement gravé dans la mémoire des gens de bien, les trois prisonniers protestèrent de leur innocence, prétextant que la teinture qu'avaient remarqué les gendarmes sur leur figure, n'était que l'effet de la fumée de la chandelle de résine dont ils s'étaient servis la veille au soir de leur arrestation pour travailler ; que l'humidité et la boue fraîche qu'ils avaient vues sur leurs fusils provenaient du mauvais temps qu'il faisait ce même matin pendant qu'ils étaient à la chasse et que, si leurs manteaux étaient encore couverts d'eau, ce n'était que l'effet de la pluie torrentielle qui tombait le jour du marché de Tarbes et dont l'un d'eux s'était servi pour s'y rendre, que d'ailleurs la capote dont il a été parlé n'était nullement leur propriété et appartenait uniquement à l'un de leurs voisins qui l'avait prêtée en conséquence.

Quoiqu'il en fut et malgré toutes leurs protestations, père et fils furent reconduits sous les verroux.

A la nouvelle de cette terrible arrestation

le pays commença à respirer à l'aise ; l'aurore, sur son char triomphant, commença à éclairer le timide voyageur qui, depuis fort longtemps, marchait à tâtons, dans les ténèbres et qui, d'un pas chancelant mêlé de frayeur, n'osait se hasarder de crainte de se précipiter dans l'abîme !

Oui, l'heure de la grande réjouissance pour les habitants des contrées voisines ; l'heure de leur grande délivrance ; l'heure où le soleil d'ardant de ses rayons de feu, venant compléter l'œuvre que l'aurore avait déjà devancée, n'allait pas tarder à sonner ! et Pélot le conçut parfaitement bien ! Pélot commença alors à trembler !

Au comble du désespoir, ne sachant plus que devenir, ni même où porter ses pas, transi de froid, pressé par la faim, il alla, un Dimanche matin, au point du jour, se réfugier chez un paysan, qui faillit tomber raide en le voyant entrer, en lui disant qu'il venait de la messe matutinale de la commune voisine et en lui demandant de le laisser chauffer, prétextant qu'il était glacé. Par crainte, le paysan s'y prêta très-volontiers. Mais quelle ne fut pas sa surprise, quand aussitôt qu'il vit Pélot assis, il aperçut suspendus à sa ceinture, cachés sous son manteau, ses trois pistolets ! Alors sa frayeur redoubla, il fut dans les transes ; il n'osait ni s'asseoir, ni rester debout, ni même faire un seul mouvement craignant de le contrarier. Enfin feignant d'aller chercher du bois pour le rechauffer davantage, il passa dans son bûcher et en traversant d'une chambre à l'autre, il aperçut, contre la porte d'entrée, les trois autres armes meurtrières du brigand. Oh ! alors ce ne fut plus de la frayeur, mais quelque chose de plus encore, de la terreur ! il crut tout de suite que ses jours étaient en danger et que s'en était fait de lui !

Tout-à-coup, passant de la stupéfaction à un moment de gaîeté trahissante, il lui offrit à manger et Pélot accepta. Le repas fini, Pélot, qui ne se sentait nulle part en sûreté, le remercia de sa bienveillance, fit ses préparatifs de départ, et tandis que le paysan, brûlant de joie intérieurement, se proposait à l'accompagner, Pélot s'y refusa et partit à l'instant même.

Ah! le remords le rongeait alors de plus en plus, abandonné par tout le monde, sachant déjà sa mère, sa sœur, ainsi que ses amis, par excellence dans les cachots, n'ayant plus personne à son secours que la femme *Ça-ïra*, qui continuait à lui prodiguer ses soins, il se résigna, attendant de sang-froid son heure fatale qui ne tarda pas à sonner!

Ah! si jadis des oies contribuèrent à sauver la superbe et ancienne capitale du monde, on peut bien dire à juste titre, que des oies contribuèrent aussi, en 1816 du moins, pour une bonne part, à débarrasser le pays des Pyrénées supérieures d'un monstre semblable!

En effet, Pélot possédait des oies; mais comment les possédait-il? Il est permis de le supposer. N'osant plus les garder chez lui et pour un bon motif, il alla demander à un de ses voisins de les lui recevoir, sous la promesse formelle qu'il lui fit de les tuer et de les plumer chez lui-même, si toute fois, cela ne le contrariait pas, le surlendemain au soir. B.... citoyen probe et délicat; B...., qui avait déjà promis son concours à la gendarmerie, trouvant une occasion favorable pour en finir avec lui, s'y prêta volontiers, et aussitôt les oies furent enfermées chez lui.

Bondissant de satisfaction, B.... aussitôt que l'airain du matin eût retenti et eût annoncé le jour aux habitants de la commune, prit la route de Tarbes pour en informer le chef de la gendarmerie qui reçût cette nouvelle avec un plaisir extrême en lui disant; c'est très-bien, j'ai pleine confiance en vous, je ne suppose pas que vous veniez me tromper.

Je vous avais promis mon concours, je vous ai tenu ma promesse et cela doit vous suffire, lui répondit B....

Alors c'est fini, c'est définitivement arrété; j'irai avec mes gendarmes, après demain au soir, en parlant de la nuit du 4 au 5 janvier 1816. Mais à qu'elle heure pensez-vous qu'il commencera son opération?

Vers les huit heures, je suppose.

Combien de temps durera-t-elle?

Une grande partie de la nuit, je crois; car il sera seul.

Alors c'est définitivement arrêté pour après demain au soir.

N'allons pas si vite répartit B.... Il pourrait parfaitement et facilement changer d'idée ; agissons avec prudence, il y a un grand avantage. Ne vous pressez pas et surtout ce que je vous recommande ne vous laissez voir par personne.

Voici un signe au moyen duquel vous pourrez marcher hardiment et avec toute confiance.

Lequel ?

Dans le cas où il n'aurait pas changé d'idée, j'étalerai sur mon toit un chiffon blanc et alors prenez vos précautions. Dans le cas contraire n'avancez pas, car ce sera une preuve qu'il est occupé ailleurs.

Cela suffit :

En conséquence le brave commandant, brûlant d'envie de débarrasser, à jamais, le pays d'un brigand semblable, réunit ses gendarmes en leur ordonnant de se tenir prêts pour le soir indiqué et en leur recommandant de se transporter vers les huit heures du soir

-déguisés en chasseurs, bien armés, et séparément, afin de ne laisser rien soupçonner sur l'allée de Tostat.

Fidèles à la voix de leur chef, et désireux, eux-mêmes, d'en finir avec ce bandit, sous-officiers et gendarmes se rendirent effectivement sur le lieu indiqué et de la manière qui leur avait été recommandé.

Peu d'instants après, le commandant alla les y rejoindre déguisé lui aussi en bourgeois, et accompagné d'un gendarme à cheval également déguisé, et qu'il avait fait suivre ainsi afin que, dans un cas de nécessité, il put l'envoyer demander du secours auprès des brigades voisines.

A neuf heures sonnant, par une nuit obscure et très froide, ils partirent, pleins d'espérance, vers la commune natale de Pélot, d'un pas rapide et dispersés encore, en traversant les bois et les vignes, passant par des sentiers étroits et tortueux, couverts de boue, de neige et de glace.

Arrivés à une certaine distance de la maison B...., le commandant s'arrête, réunit toute sa suite, jette ses regards sur la maison dont il s'agit et y apercevant le signe distinctif, il s'adresse à ses soldats en leur disant à voix basse : du courage, mes amis ! cette fois ci nous le tenons ; mais soyez prudents et fermes en même temps.

Aussitôt il s'avance lentement sur la pointe de son pied, accompagné de deux gendarmes, laissant les autres camper là jusqu'à nouvel ordre, va regarder à travers les fentes d'un contrevent si réellement Pélot y est. L'ayant aperçu au coin du feu plumant ses oies, il revient sur ses pas, fait cerner la maison en fesant le moindre bruit possible, charge le brave, l'intrépide et vaillant sous-officier Pichon de bien garder la porte d'entrée et de monter à l'assaut au premier signal donné, tandis que lui va se placer assisté de deux gendarmes, contre une porte donnant sur les derrières par où Pélot pouvait facilement s'esquiver. Les positions ainsi prises, Pichon recevant l'ordre ou le signal d'entrer, s'élance comme un lion contre la porte qui s'ouvre comme un coup de foudre, se précipite comme un éclair sur Pélot, qui, lui-même, d'un bond se lève, court s'armer de ses pistolets qu'il avait placés sur le lit qui se trouvait dans cette chambre ; mais il en est bientôt empêché par l'intrépide Pichon qui le saisit violemment et avec force. Alors un combat des plus terribles, des plus acharnés, des plus sanglants s'engage entre les deux antagonistes ils se meurtrissent, se déchirent et se roulent par terre. Mais Pichon bien loin de crier au secours, Pichon qui voulait, à lui seul, avoir l'honneur d'une si grande victoire, résiste, sans mot dire à tous les coups dangereux que lui porte son terrible adversaire. S'apercevant qu'ilcherche à l'entraîner vers le lit où se trouvaient déposées ses armes meurtrières, pour le poignarder, Pichon, d'un élan indescriptible, le renverse, le jette, comme une balle contre le mur, saisit son mousqueton, le couche en joue, lui traverse l'épaule de part en part et se précipite aussitôt de nouveau sur lui.

Au bruit de la détonation, commandant, sous-officiers et gendarmes quittent leurs postes et volent au secours du courageux Pichon·

Eh! bien Pichon? s'écria le commandant en entrant.

Je le tiens, je l'ai blessé, je suis vainqueur, répondit l'intrépide sous-officier.

Ce n'est rien, riposta Pélot écumant de rage en continuant à se débattre et en cherchant à se venger!

Tout à coup, toute la troupe se précipite sur les deux combattants, enlève le valeureux Pichon, saisit vigoureusement Pélot, qui, se sentant serré par des bras de fer qui le laissent sans mouvement et qui, se sentant affaibli, par la perte du sang qui coulait en abondance de sa blessure, fut forçé de céder et de se rendre.

Honneur à vous, cendres de Pichon, qui par votre courage, votre énergie, votre intrépidité, votre dévouement et votre abnégation, délivrâtes pour toujours, le pays des Pyrénées, d'un brigand semblable! honneur à vous! mille fois honneur!

Pendant que le commandant recommandait à ses gendarmes de bien le serrer, Pélot jetant un regard féroce, terrible et vengeur sur lui, répondit :

« Oui, serrez-moi bien, faites en sorte que « je ne m'échappe pas ; car, si pareille chose « arrive, je vous promets, à vous commandant, « et à toi B.... qui m'as indignement trahi, « une bonne récompense.

Un instant après, il est conduit chargé de fers de pied en cap, à la Mairie, où l'on parvient à force de combinaison, à arrêter le sang qui ruisselait de sa blessure.

Le lendemain, à la nouvelle de cette terrible arrestation, tout le monde court en foule à la Mairie où Pélot attendait, avec audace, l'heure de son départ. On n'aperçoit que des groupes à chaque pas. La joie rayonne sur tous les fronts ; la réjouissance est à son comble ; le paysan et le voyageur viennent de recouvrer leur sécurité depuis si longtemps perdue pour eux ! tous brûlent de désir de contempler pour la dernière fois, celui-là même qui faisait leur tourment perpétuel ; tous se pressent autour de leurs libérateurs pour les remercier d'un si grand bienfait et qui, orgueilleux eux-mêmes, de la sympathie qu'ils inspirent, échangent des poignées de main avec tous ceux qui les entourent et les portent en triomphe.

Pendant ces entrefaites, la charrette qui doit le transporter à Tarbes arrive. A son apparition Pélot se lève couvert de son manteau, sort à pas lents, en jetant un regard féroce sur tous les spectateurs, qui frémissent d'effroi, et monte insensiblement sur la voiture qui part immédiatement escortée par la gendarmerie au milieu d'un tonnerre d'applaudissements.

Chemin faisant, le commandant, au comble de sa joie, dit au gendarme à cheval qu'il avait amené avec lui la veille au soir : partez, allez porter cette heureuse nouvelle à M. le Préfet et aux habitants de Tarbes.

Aussitôt le gendarme lance son coursier qui, se trouvant piqué par l'éperon, fend l'air aussi rapidement que l'épervier, et quelques minutes suffisent au gendarme pour franchir la distance qui séparait la charrette du chef-lieu du département.

A son arrivée aux portes de la ville et au bruit des pas précipités du coursier et du cliquetis de ses armes les habitants courent en foule sur la rue et le gendarme s'écrie à haute voix. « Pélot est pris, il arrive, il va être là » et continue son chemin vers la Préfecture où étant arrivé, il descend promptement de son cheval, franchit avec vitesse les escaliers qui le conduisent auprès de M. Milon de Mesnes, qui en le voyant ainsi haletant lui demande le motif de ce grand empressement.

Pélot est pris répondit le gendarme.

Comment !

Oui, il est pris, il arrive, il touche aux portes de Tarbes.

Ah ! ce n'est pas trop tôt, il m'a causé bien de chagrins et de tourments.

Pendant ce pourparler, Pélot apparaît à l'entrée de la ville ; toute la foule accourt au devant de lui, des cris de joie retentissent dans les airs, des bravos adressés aux gendarmes éclatent de toutes parts et Pélot y répond par un regard farouche. On se presse au tour de la charrette le dévorant des yeux et cherchant à l'écharper, ce qui serait probablement arrivé sans l'intervention de la gendarmerie. Les dames de leurs croisées, arboraient leurs foulards, en signe de joie et de reconnaissance, l'enthousiasme était tellement à son comble, qu'on aurait pris cette journée pour un lendemain d'une grande victoire remportée sur l'ennemi; pour un lendemain même de Majenta, de Palestro ou de Solferino!

Interrogé le lendemain par le célèbre et éminent magistrat, Pélot, comme on le verra, donna le démenti le plus formel sur tous les chefs d'accusation qui pesaient sur lui. Pélot n'avait jamais commis un seul meurtre, une seule tentative d'assassinat, un seul viol, pas même un seul vol. Tout ce dont il était accusé n'était que l'effet de la méchanceté, de la jalousie, de la haine et de la vengeance. Pélot n'était que l'innocence pure, l'innocence incarnée, ainsi qu'on va le voir par l'interrogatoire qu'il subit le 5 janvier 1816, et que voici :

D. Quels sont vos noms, prénoms, âge, profession et demeure?

R. Je m'appelle Jean LAMON dit Pélot aîné, laboureur, domicilié à Soréac, âgé d'environ trente un ans.

D. N'avez-vous pas déjà été repris de justice, condamné par la justice criminelle à douze années de fer pour cause de rébellion à la force armée?

R. Je l'ignore.

D. N'est-il pas vrai, que le 18 janvier dernier vous vous rendîtes dans la maison de Dominique Baudéan, adjoint au maire, armé d'un fusil et de quatre pistolets à la ceinture, que vous ayez voulu forcer ce fonctionnaire public à vous signer un certificat de bonne vie et mœurs et que, sur son refus, vous vous êtes élancé sur lui et qu'à l'aide d'une baïonnette qui était au bout de votre fusil, vous lui ayez fait sur le côté, une large blessure?

R. Je nie l'interrogat, B...... est un banqueroutier qui ne mérite aucune confiance. C'est lui, au contraire, qui voulait s'élancer sur moi et je me reculai pour qu'il ne put m'atteindre.

D. N'est-il pas vrai que dans le courant du mois de Juin dernier, vous vous soyez rendu pendant la nuit, avec le nommé B..... P..... dans la maison de Marthe Tujague de la commune de Dours et que vous ayez violé cette femme, après avoir commis sur sa personne les excès les plus violents.

R. Je nie l'interrogat et j'observe que je ne connais ni ladite Marthe Tujague, ni le dit B..... P.....

D. Dans le courant de l'année dernière, ne vous êtes vous pas rendu, pendant la nuit, dans différentes maisons, notamment chez M. Cénac, curé de Liac, chez M. le Curé de Peyrun, chez la veuve Lafontaine d'Artagnan et ne leur avez-vous pas enlevé des sommes considérables après les avoir excédés ?

R. Non.

D. N'avez-vous pas tiré un coup de fusil, il y a environ trois mois, sur le sieur Claireau, gendarme, sur le chemin qui conduit du village de Soréac à la grande route ?

R. Non.

D. N'est-il pas vrai que quelques jours après vers les onze heures de la nuit, vous ayez lâché un autre coup de fusil sur le nommé Poulou dit Caparroy, de Lescurry, qui a péri à la suite de ce coup ?

R. Non : ce Capparoy était un coquin et un voleur que je n'ai jamais fréquenté.

D. Pendant tout le temps que vous êtes resté en fuite, dans quelles maisons vous retiriez-vous !

R. J'allais me coucher dans des granges à l'insu des propriétaires.

D. Ne vous retiriez-vous pas chez le nommé Lartigue dit *Ça-ïra*, à Castera, et ne vous êtes vous pas rendu avec lui et ses deux enfants, il y a environ un mois ou six semaines, chez le curé de Cénac ?

R. Je n'ai été chez le dit Lartigue que lorsque j'ai eu besoin de l'employer comme tailleur. Je n'ai pas eu d'autres rapports avec lui.

D. N'avez-vous pas encore dans le courant de l'année dernière, lâché un coup de fusil sur un nommé Gourgue dit Couchet, de Louit ?

R. On n'a qu'à l'interroger, il connaît celui qui a lâché ce coup,

D. Accusé de tant de crimes, vous devez, nécessairement avoir des complices ? Je vous invite, au nom de la Justice, à me les faire connaître. Votre conscience, d'ailleurs, vous en fait un devoir.

R. Je ne me suis jamais rendu coupable d'aucun crime. Je n'ai donc, par conséquent, pu avoir des complices.

D. Je vous exhorte à mieux dire la vérité ?

R. Je déclare l'avoir dite toute entière.

Cependant, malgré toutes ses réponses négatives, malgré toutes ses effronteries, un mandat de dépôt fut décerné contre lui et conduit à la maison d'arrêt, au milieu des hourras d'une foule immense qui attendait impatiemment son retour et qui le dévorait de ses yeux et que les gendarmes chargés de la conduite, eurent toutes les peines du monde à disperser pour se frayer un passage.

Arrivés en face de la maison d'arrêt, au milieu d'une foule compacte, la porte roule sur ses énormes gonds ; Pélot est introduit et va rejoindre sa mère et ses sœurs ainsi que ses amis.

Peu de jours après, M. Milon de Mesnes, content de voir ses administrés en pleine sûreté et désirant connaître la phisionomie de ce brigand, se rendit à la maison de justice, et un instant après il écrivait, entr'autres choses, à l'administration supérieure ce qui suit :

« Monseigneur,

« Le trop fameux brigand Lamon aîné, « dit Pélot, de la commune de Soréac, qui, « depuis environ huit années désolait nos « contrées et dont j'ai déjà eu l'honneur d'en- « tretenir son Excellence, vient enfin d'être « arrêté dans la nuit du 4 au 5 du courant.

« Cette capture périlleuse qui rétablit la « sûreté publique dans le département, est « dûe au zèle infatigable de M. le comte « d'Uzech, capitaine de gendarmerie, qui « suivait les traces de ce scélérat avec la plus « constante persévérance depuis quatre mois.

« L'arrestation de Lamon Pélot aîné, est « regardée par les habitants de nos côteaux, « principal théatre de ses crimes, comme le « plus grand bienfait que la police puisse leur « procurer. La sécurité qu'ils avaient depuis « si longtemps perdue, se trouve rétablie. « Mais je n'ai point laissé ignorer à V. Exc.

« que ce brigand avait des complices et des « affiliés dans la Bigorre et même dans les « départements circonvoisins. Ils sont actu- « ellement terrifiés de la perte d'un si digne « chef. Mais si la mère Lamon, sa fille, et son « autre fils venaient à recouvrer leur liberté, « je ne doute pas qu'ils n'organisassent promp- « tement une nouvelle bande et que la maison « du sieur B... dans laquelle Lamon a été arrêté, « ne fût incendiée, et ce propriétaire qu'on soup- « çonne avoir aidé la force armée, assassiné, « ainsi que plusieurs autres personnes.

« Pélot, traversé de part en part, à côté de « la poitrine, par le coup d'arme à feu que le « sous-officier Pichon fut obligé de lui tirer, « n'est pas encore mort. On doute même que « sa blessure soit très dangereuse. Il a perdu « beaucoup de sang, et malgré l'épuisement « où il se trouve, sa physionomie et son « regard farouche inspirent encore l'effroi aux « curieux qui vont le voir. Il répète souvent » à ses parents, qui sont avec lui, que B...., « chez qui il a été arrêté, l'a trahi et que le « capitaine de gendarmerie est son plus cruel

« ennemi. Il leur recommande de se rappeler « d'eux, lorsqu'ils seront en liberté......»

Pendant ces entrefaites, l'instruction se poursuivait avec la plus grande activité et la plus grande célérité possibles. L'infatigab e magistrat chargé de cette mission, était en permanence dans son cabinet et il résulta des dépositions des témoins honorables entendus que les réponses négatives de Pélot n'étaient qu'un tas de fourberies, un tissu de mensonges.

Dans l'espérance, quelques jours après, de pouvoir obtenir quelque aveu ou quelques révélations de la part du brigand, on lui fit subir le second interrogatoire suivant :

D. N'est-il pas vrai que le six décembre dernier vers les six ou sept heures du soir, vous vous soyez rendu dans la maison qu'habite M. le curé de Cénac, avec d'autres individus, dans l'objet de l'assassiner ou de ui voler son argent ?

R. Je nie l'interrogat.

D. N'est-il pas vrai que le dit jour, le fils cadet de Lartigue, de Castera, ait été vous trouver chez vous à l'entrée de la nuit; que vous soyez sortis tous les deux bientôt après, et, qu'indépendamment des pistolets et des fusils dont vous étiez toujours armés, ayez encore pris une épée qui était cachée dans votre grenier à foin, ainsi qu'un cornet de papiers renfermant du noir de fumée, ou du charbon pilé; que vous soyez resté absent toute la nuit et que vous ne soyez rentré dans votre maison que le lendemain un peu avant le jour, toujours accompagné du dit Lartigue à qui vous avez remis en rentrant, le cornet de papier en lui disant qu'il vous noircissait la poche?

R. Non.

D. Reconnaissez-vous ces pistolets?

R. Je ne les reconnais pas.

D. Vous déguisez la vérité; car, ces pistolets faisaient partie de vos armes, lorsque vous avez été arrêté et que, d'ailleurs certains témoins ont attesté les avoir vus entre vos mains depuis qu'ils ont été volés à M. le curé de Sénac.

R. Je persiste dans ma précédente réponse.

D. N'est-il pas vrai, que dans la nuit du vingt-quatre au vingt-cinq avril dernier, vous vous soyez introduit, avec d'autres individus, dans la maison de M. le curé de Peyrun ; qu'après lui avoir lié les mains, vous ne l'ayez pas menacé de le tuer s'il ne vous remettait pas son argent et que l'ayant forcé à vous donner ses clefs vous lui ayez enlevé une somme de 5,000 francs et une montre en argent ?

R. Non.

D. Reconnaissez-vous cette montre ?

R. Je la reconnais pour être celle que j'achetai il y a environ un an et demi, à un armurier de Laméac, pour la somme de 20 francs et que je revendis en suite pour la même somme, à un individu de Louit.

D. N'est-il pas vrai que, dans une circonstance postérieure, un vol commis chez M. le curé de Peyrun, vous vous soyez vanté que, lorsque vous eûtes son argent, vous lui déliates les mains et qu'ensuite vous lui dites en riant et en lui frottant le bras :

« Vous devez être content, M. le curé, nous

« ne vous avons point fait de mal, nous em- « portons votre argent ; nous vous laissons du « pain et du vin ?

R. Non :

D. N'est-il pas vrai que dans la nuit du 30 au 31 mai dernier, vous vous soyez également introduit avec d'autres individus, dans la maison de la veuve Lafontaine, d'Artagnan ; qu'après l'avoir maltraitée vous lui ayez enlevé une somme considérable, ainsi que plusieurs effets, notamment des pièces de toile en fil et du sucre ?

R. C'est faux.

D. D'où avez-vous tiré ce morceau de sucre qu'on a trouvé chez vous ?

R. Je l'ai acheté.

D. Pourquoi l'avez-vous enveloppé dans du fil et en aviez-vous fait un peloton ?

R. C'était pour empêcher que les gendarmes qui venaient chez moi très souvent, ne le mangeassent.

D. N'est-il pas vrai que vers la fin du mois d'août dernier, vous ayez été tirer un coup de fusil sur un nommé Gourgue de Louit?

R. Non.

Le lendemain de cet interrogatoire, c'est-à-dire le 17 février 1816, Monsieur le Préfet écrivait encore, entr'autres choses à Monsieur le Ministre la lettre suivante :

« Monseigneur,

« J'ai déjà eu l'honneur d'appeler, plusieurs » fois, l'attention de V. Exc. sur la famille » Lamon dit Pélot de Soréac. Le tableau » hideux que j'ai fait des membres qui la » composent, vous aura, peut-être paru rem- » bruni par ma crainte exagérée, bien qu'il » ne soit que le narré fidèle des attentats les » plus criminels, et de la plus effroyable » immoralité. Mais je n'ai fait que répéter » avec moins d'énergie et d'indignation tout » ce que les habitants de cette contrée disent » unanimement dans leur commun effroi. A » plusieurs reprises ils ont tous demandé à » mes prédécesseurs par l'organe de leurs » magistrats, le bannissement, hors du royau-

» me, de ces éternels ennemis de leur sécurité
» et de leur repos.

» Pressé moi-même par leurs sollicitations,
» leur terreur trop bien fondée, je vous ai
» demandé, Monseigneur, d'avoir égard à leur
» triste situation. J'ai surtout prié V. Exe. de
» faire autoriser par le roi, la déportation sur
» terre étrangère, non pas de Lamon Pélot aîné,
» puisqu'il attend dans les prisons le supplice
» que provoquent ses forfaits ; mais de sa mère,
» de ses frères et de ses sœurs. »

» Cette mesure est indispensable. Sans elle
» le brigandage auquel mes administrés se
» trouvent en butte depuis si longtemps, sont
» et seront sans termes.

» Jamais le pouvoir de la haute police ne
» fut plus nécessaire ! Jamais non plus, il
» n'aura été si bienfaisant ! car il s'agit de
» rassurer, pour toujours, une population qui
» ne vit que dans d'horribles alarmes !

» L'exemple que je réclame avec la plus
» vive instance, pour être encore plus salutaire,
» devrait s'étendre jusqu'à faire raser la maison
» qui ne fut jamais que le repaire du crime !

» Si ces plaintes et ces vœux n'étaient pas » accueillis, rien ne peut défendre cette po- » pulation effrayée des attentats qui la mena- » ceraient à chaque instant. »

Interrogé encore pour la troisième fois, le chef des brigands se renferma dans le même système de dénégation ; mais cette tactique ne put prévaloir, surtout en présence des dépositions claires, précises et formelles dont il a été parlé. Aussi, Monsieur le juge instructeur, certain que la procédure était complète, qu'elle ne laissait rien plus à désirer, rendit, le 20 février suivant, son ordonnance de soit communiqué, et le 24 du même mois, le ministère public fit son réquisitoire définitif.

Au vu de ce réquisitoire et des pièces de procédure, la chambre de mise en accusation jugeant que des charges suffisantes pesaient sur Pélot, rendit, à la suite du réquisitoire foudroyant de M. le Procureur-général, l'ordonnance suivante :

» La Cour déclare Jean Lamon Pélot coupa- » ble des crimes qui lui sont reprochés. En

« conséquence le renvoie devant la Cour d'as-
» sises des Hautes-Pyrénées. »

Les pièces de la procédure ne tardèrent pas à rentrer et l'acte d'accusation ayant été notifié au chef de bande, il fut aussitôt procédé à son interrogatoire définitif et Pélot n'eut jamais que des démentis à donner. Pas une rèvélation, pas un aveu ne purent êtres arrachés de sa bouche.

Peu de jours après, le public impatient commençait à murmurer; mais quand il sut que Pélot devait aller rendre compte de tous ses forfaits le 25 mars devant la justice humaine, oh! alors ce ne furent que des cris de joie et d'enthousiasme indescriptibles!

Le jour tant désiré par le public étant arrivé les environs de la maison d'arrêt, les places publiques, les rues et alentours du palais de Justice furent encombrés de très bonne heure, de curieux appartenant à toutes les classes de la société attendant avec la plus vive impatience, le départ du prisonnier.

A neuf heures sonnant, les gendarmes chargés de la surveillance et de la conduite de Pélot, apparaissent rayonnants de joie. Alors des tonnerres d'applaudissements éclatent de toutes parts. Tous les spectateurs se pressent autour d'eux, les enlèvent, et les agents de la haute-police, ne savent comment s'y prendre pour se frayer un passage.

Cependant à force d'exhortations, à force de persévérance, ils arrivent au milieu d'une foule compacte qui se coudoie, se heurte, s'abîme et se déchire, sans se plaindre, devant la maison d'arrêt.

Aussitôt les portes s'ouvrent, Pélot apparait chargé de fer, couvert de son manteau et coiffé de son large chapeau, serré par les gendarmes.

Oh ! alors, ce ne sont plus que des hourras, des cris de vengeance et d'indignation auxquels Pélot répond par un regard féroce, hideux farouche et vengeur, marchand d'un sang-froid imperturbable et d'un pas assuré au milieu des assistants qui le dévorent de leurs yeux et qui l'auraient vraisemblablement écharpé si la force armée n'eut été là.

Arrivé en face du palais de Justice qui se tenait alors là où est aujour'hui l'établissement du lycée impérial, les cris redoublent de plus fort ; ce n'est plus que le plus grand des tumultes ; tout le monde se dispute la satisfaction de le voir et Pélot, comme toujours, garde, au milieu de ce vacarme, le même sang-froid, gravit paisiblement les marches de l'escalier, répondant aux cris qui choquent ses oreilles par un regard hideux empreint de vengeance.

A peine est-il entré que les portes de l'auditoire qui, par mesure de prudence étaient restées fermées jusqu'alors, s'ouvrent tout-à-coup.

A l'instant l'auditoire est comble, un murmure épouvantable se fait entendre, on se mutile, on se déchire pour obtenir une place qu'il est impossible de quitter un instant après.

Enfin à dix heures sonnant, la cour entre, le calme se rétablit, les débats commencent ; Monsieur le Président de la Cour procède à l'interrogatoire de Pélot qui, debout, mais toujours couvert de son manteau, et avec une assurance inexplicable, répond négativement à toutes les questions qui lui sont posées.

On procède à l'audition des témoins, et pendant tout ce temps-là, Pélot ne cesse de répéter à hauts cris : *hâtez-vous ? car je souffre horriblement, je suis plus malade que vous ne pensez.*

Après quatre jours d'audience, et le 29 mars, à la suite du réquisitoire foudroyant, brillant, juste, long et énergique de M. Daries, substitut; la savante, longue, mais pénible défense de son conseil ; le brillant et impartial résumé de Monsieur le Président, le Jury entre en chambre et en sort peu d'instants après avec un verdict de culpabilité pur et simple. Après en avoir délibéré, Monsieur le Président des assises, au milieu du plus profond silence qui règne dans l'enceinte et que Pélot, debout écoute sans changer de contenance, prononce d'une voix ferme et solennelle, l'arrêt suivant :

« La Cour a condamné et condamne le » nommé Jean LAMON Pélot, aîné, à la peine » de mort ; ordonne en conséquence que, sur » une des places publiques de la ville de Tarbes, » il sera dressé un échafaud sur lequel il sera

» mis à mort par l'exécuteur des jugements » criminels ; condamne ledit LAMON Pélot, » aux frais du procès envers l'État. »

Aussitôt des tonnerres d'applaudissements éclatent dans l'auditoire et aux alentours du palais. La satisfaction est à son comble ; on n'aperçoit que des figures rayonnantes de joie qui s'écrient : enfin justice est faite ; le pays est débarrassé à jamais de ce brigand !

Au même instant Pélot sort chargé de fers ; marche d'un pas assuré et sans sourciller. Aussitôt les hourras recommencent et ne finissent qu'à sa rentrée dans la maison d'arrêt.

Le surlendemain, Pélot se pourvut en cassation contre l'arrêt qui le condamnait, et tandis que d'un côté la Cour suprême était à statuer et que de l'autre l'exécuteur des hautes œuvres était à aiguiser son coutelas, Pélot succomba, à la suite de sa blessure, le dix avril 1816, à quatre heures du soir, à l'âge de 36 ans.

Ainsi périt la terreur du pays.

Tarbes, imp. PERROT-PRAT, place arcadien.

PÉLOT

www.ingramcontent.com/pod-product-compliance
Lightning Source LLC
LaVergne TN
LVHW020347230826
846091LV00003B/1025

* 9 7 8 2 0 1 2 8 7 5 6 4 7 *